MÍSTICOS

Y

MÁGICOS

Manuel Arduino Pavón

ISBN-13: 978-1986520645
ISBN-10: 1986520641
Copyrights© por Manuel Arduino Pavón

Editora: Ruth Nohemí Cardona Mazariegos
Licenciada en Letras / Universidad de San Carlos de Guatemala.

Primera edición y publicación, 2018, Editorial Buenabaj, Los Estados Unidos.

Todos los derechos reservados. Ninguna parte de este material puede ser reproducida de cualquier forma o por cualquier medio, incluyendo fotocopia y grabación sin permiso escrito del propietario del copyright. El autor es el único responsable de todo texto literario en este libro.

Este libro fue impreso en los Estados Unidos de América.

Para copias adicionales se puede hacer visitando, Amazon estadounidense y europeo.

BREVE BIOGRAFÍA

Manuel Arduino Pavón, nació en Montevideo en 1955. Actualmente reside en Buenos Aires.
Estudió Literatura por su cuenta y riesgo. Desde 1979 ha publicado más de cien obras en Uruguay, en la Argentina, Chile, Colombia, España, México, Costa Rica, Puerto Rico, Guatemala, Holanda, Canadá, Taiwán y los EE.UU.
Incluyendo a la dramaturgia, lo intenta todo: ensayo (esotérico), aforística, narrativa, obras misceláneas y poesía.
Su principal cualidad es la versatilidad, que le permite deambular por territorios tan antagónicos y sentirse a sus anchas en todos ellos.
Una inclinación natural a la experimentación literaria lo acompaña desde sus primeros años en el oficio, pero los años de vida le permiten atenuar o

pronunciar esos rasgos estentóreos según sean las circunstancias.
La casi totalidad de su obra ha sido publicada fuera de su país.

Prólogo

Interesante la lectura de *Místicos y mágicos de* Manuel Arduino Pavón, quien hace gala de su lenguaje literario mitológico como Orfeo, venus, dragón, pegasos, tiene mucho simbolismo, para entender el verdadero sentido de cada místico y mágico, será a través de la lectura de cada relato; definitivamente se necesita tener un nivel extraordinario sobre la mitología, para descubrir el verdadero significado de cada historia. Esto lo hace mágico y místico como su nombre lo indica.

Es interesante resaltar la numerología, siete grandes pegasos blancos, sin duda es un escritor versátil, relata esa vida plena y sobre todo, consciente de la realidad. El reloj de arena, el tiempo está corriendo, existe esa preocupación.

También persiste el interés de resaltar sobre la contaminación del medio ambiente, la tala de árboles, pronto los pájaros dejarán de volar. Vale la pena leer los relatos del escritor consagrado.

Ruth Cardona Mazariegos
Licenciada en Letras

ENTRE LOS PEGASOS Y LOS UNICORNIOS

Entre los pegasos y los unicornios reinan insalvables diferencias.

Los pegasos celebran el Año Nuevo Chino desde la época del aventurero Marco Polo.

Los unicornios observan los festivales solares de los solsticios y los equinoccios debido a su intimidad con los viejos alquimistas.

Los pegasos reinan entre las estrellas.

Los unicornios inspiran el crecimiento de la pequeña estrella del alma hasta que se convierte en poderoso rey sol.

Los pegasos son algo más frívolos y ocurrentes, siempre dispuestos a gastar bromas pesadas.

Los unicornios son tiernas criaturas espirituales que se alimentan de los suspiros del corazón de sus víctimas: los enamorados de la vida superior.

Por lo demás, mientras los pegasos duermen los unicornios permanecen despiertos. Los unicornios no duermen nunca.

De allí que los pegasos tengan todo el sueño del mundo para ellos.

Y que, por consecuencia, los sueños sean aquellas ruidosas cosas que afrentan el silencio.

Los unicornios son las libélulas del inmanente silencio.

Los unicornios no se aparecen en sueños: sólo si el hombre está plenamente despierto.

EL ÚLTIMO EMBALSAMADOR

Un hombre se puso en la pista del último embalsamador de pequeños batracios y dio con él.

-¿Por qué lo hace?

-Por el récord.

-¿Para ser famoso?

-No es que yo vaya a exterminar a las incontables especies de batracios, es por la segura extinción de embalsamadores como yo. Un día me va a llegar el turno y ese día va ser el último de una estirpe de conservacionistas de cadáveres muy diminutos.

-¿Acaso cree que no van a aparecer interesados en aprender el oficio?

-No lo enseño a nadie.

-¿Y por qué?

-¿Por qué siguió mi pista hasta encontrarme?

.Porque usted no tiene sentido y lo que no tiene sentido se me hace intolerable. Es casi un prototipo de la obstinada estupidez humana.

-Algo parecido pienso yo. Mi único orgullo es haber embalsamado mal a un renacuajo.

-¿A un renacuajo? ¿Cómo lo hizo?

-No lo sé muy bien, pero unos minutos después estaba listo para nadar el muy pícaro.

-¡Entonces no lo embalsamó en absoluto!

-Puede que lo haya hipnotizado. Esa experiencia me hizo tomar la decisión de no enseñar este oficio. No importan muchos las pequeñas ranas y sapos a un mundo ocupado en cosas más impresionantes, pero a mí un renacuajo me puso ante el milagro del error.

-¿El milagro del error?

-Yo jamás había fallado en matar y disecar. Pero al pequeño lo intenté matar y lo mantuve con vida. ¿No es un milagro en la historia de un práctico casi perfecto como yo? El renacuajo se fue nadando y con él se marchó el último exitoso fracasado en el oficio del embalsamador. Fue la completa extinción de uno mismo: un récord casi, señor.

MAGIA INMORTAL

Era un viejo pergamino en el que había un manuscrito y el manuscrito tenía vida.

Con cada hombre que lo leía cambiaba el texto del manuscrito.

Consultado un prodigioso sobre la causa de esta rara anomalía, el mágico sentenció:

-El día que vuelva a manos de aquel a quien fue destinado el pergamino, el manuscrito volverá a ser el original.

¿Y cómo saber quién era el destinatario del pergamino?

-Aquel que lea dos veces el mismo texto. Los hombres corrientes leerán tantos textos diferentes como ocasiones en que tomen el manuscrito en sus manos. Sólo el dueño ha de leer siempre el verdadero texto.

Prácticamente desfilaron todos los varones letrados del reino por palacio. A ninguno se le repitió la lectura.

-El destinatario del manuscrito es un hombre ciego que se intenta vengar de la humanidad por su ceguera, o al menos es un hombre que estuvo mucho tiempo ciego.

¿Y cómo encontrarlo?

Desfilaron muchos ciegos por palacio y todos producían figuras diferentes cada vez que manipulaban el pergamino.

-El ciego real recuperó la visión, no hay dudas.

¿Cómo podría alguien afirmar eso?

-Ya que ninguno de los hombres letrados logró repetir el texto del manuscrito, ya que ninguno de nuestros ciegos logró la proeza, cabe conjeturar que el destinatario del pergamino es uno del pueblo que estuvo ciego.

¿Cómo ignorar a uno que hubiera estado ciego? Sin embargo nadie recordaba que eso hubiera ocurrido en el pueblo.

-El ciego real era alguien que miraba, pero no veía. De allí que el pergamino le repetía siempre el mismo texto. Pero un día miró y vio. Eso es todo.

Una vez hecho este descubrimiento, el manuscrito no enseñó texto alguno.

¿Por qué ese cambio providencial?

-Esa era la lección que traía consigo: es necesario mirar y ver y ver para comprender. Escribid en el pergamino la historia de la búsqueda de una identidad y selladlo con los sellos del reino, porque es la obra de un mago sabio y perfecto que nadie podría parangonar.

-¿Y cómo encontrar al gran mago?

-Como su pergamino él se ve siempre diferente, como uno más del pueblo, como uno sin relieve y de la hechura de un villano vulgar. Él puede ser todos o ninguno. Esa es la magia de la verdadera inmortalidad.

EL AMO

La voz tonante del amo lo obligó a saltar a la arena. Allí se las vio con el felino dorado, con la hidra replicada en las ansiosas cabezas del pueblo, con el minotauro establecido al centro del meandro, en el laberinto de los posibles e imposibles caminos concurrentes y fugitivos a lo ancho del circo desnudo.

La voz del amo era áspera y dolorosa.

Pero él era demasiado orgulloso para defraudar al amo.

Todas sus hazañas carecían de gloria, porque eran respuestas urgentes a dilemas absurdos.

Venció, es cierto, a todos sus enemigos, a cada uno de los monstruos de la tierra. Pero ante la voz del amo se inclinó como esclavo.

Él pudo ser un héroe no un mortal, pero el amo era su pasado, la voz del amo. Él mismo era el amo. Y mientras se es el amo no se puede ser el inmortal.

LA MANCHA

-Señorita ¿puede definirme la psicosis paranoica?

Venus quedó con la mente en blanco, en medio de un paisaje manchego que le era familiar. Oyó al caballero gritar sobre su rocín y lo convenció de que el molino no era un titán malvado, y lo condujo a una tierra allende los miedos donde las metáforas eran ciertas.

-Mamá, salvé el examen.

-¡Felicitaciones! ¿Fue difícil?

-No sé, me quedé con la mente en blanco.

-¿Y cómo salvaste?

-Porque me sabía de memoria la respuesta.

-¿Qué te preguntaron?

-Me preguntaron sobre el heroísmo.

-¿El heroísmo? ¿Es una enfermedad mental?

-En la mente del profesor Sáez sí lo es. Pero sólo los locos y los Quijotes conocen la verdad.

PROHIBIDO PASAR LA VALLA

Hay un perro guardián con una inusitada hambre metafísica de alrededor de dos mil años.

Un ogro que tritura los sesos con argucias teológicas.

Un dragón que lanza llamas por la boca cuando da la extremaunción.

Una puerta inconcebible que permanece cerrada siempre.

Y después está el dios que pide adoración.

LA EXHIBICIÓN

La indiferencia crece día a día en el mundo.

Las estatuas vivientes ya no llamaban la atención. Ni siquiera los escolares se detenían un instante a contemplarlas.

El gremio adoptó una medida de fuerza. Seguirían apostadas en sus lugares de trabajo, pero en huelga de hambre.

La gente pasaba indiferente y las terribles horas de ayuno pasaban también.

Las estatuas iban cayendo de sus pedestales unas tras otras. Las amadísimas estatuas vivientes se estaban volviendo despreciadas estatuas murientes.

El alcalde decidió intervenir.

Habló con las estatuas desfallecientes y acordó nuevas condiciones de trabajo.

Las incorporó a las distintas oficinas de la municipalidad y les puso un cartel: "Háganos conocer sus quejas."

Por fin la gente del pueblo podía quejarse antes empleados públicos que los escucharan respetuosamente.

Pronto los lustrabotas protestaron porque la gente no los empleaba ya.

Antes de que comenzara la huelga de hambre hasta la muerte, el alcalde les dio otro trabajo: lustrar las estatuas de bronce de las plazas y todos los metales públicos del pueblo, los herrajes de los bancos, los pasamanos, las pomas.

Todo marchó tan bien que incluso los zapateros aumentaron sus ventas.

Pero el desastre casi sobrevino cuando los mendigos entraron en huelga de hambre.

Como estaban acostumbrados a no comer, el alcalde no intervino. Curiosamente los mendigos pasaron a recibir la atención que antes tenían las estatuas vivientes y los lustrabotas, que habían desaparecido de los espacios públicos.

La conclusión de esta historia es que en el mundo sólo triunfa lo que se exhibe en cualquier parte y no sólo en la televisión. Y que sólo cuando el poder se junta con la fantasía el desorden no es mayor.

UN BIEN IMPOSIBLE

La paz entre las salamandras y las ondinas es un bien imposible.

Las vidas de fuego serpentino se arrebatan con la pasión más poderosa y las hijas del elemento nutricio y universal sólo admiten la satisfacción de sus más glamorosos caprichos.

Entre las salamandras y las ondinas hace falta la intervención de una fuerza aérea y práctica, de una suerte de facilitador que promueva una deliberación pura de tales órdenes alternas de la naturaleza en conflicto.

Un viejo de la montaña no podría servir de facilitador.

Ni un hada traviesa y curiosa cuya mente de jazmín está demasiado ocupada en el cambio de los brillos argentinos del paisaje.

Quizás un pegazo, de regreso de su victoriosa travesía por el espacio exterior, fuera el juez más ecuánime.

Sólo que a los pegazos no les interesa en absoluto que el fuego y el agua se compongan.

Para acabar con la tempestad no hay que transportar la tempestad a los recintos de la mente.

Los pegazos operan donde la luz de la inteligencia une los cabos del gran desorden universal.

Para acabar con la tempestad hay que vigilarla día y noche hasta que se canse de luchar.

Un pegazo jamás se ocuparía de vigilar la contienda entre las llamas y el cristal.

Las salamandras y las ondinas lo saben.

Por ello sólo piensan en jugar sus arrebatos con los crispados nervios del pantanal.

LA MISMA VOZ

Que el tiempo no sepa repetirse a sí mismo agrava las cosas. Y después está el olvido: los hombres se olvidan de cultivar su propia voz, el lenguaje que los hacía únicos, las señales originales.

Un día llama a un viejo número telefónico. Atiende la voz de un hombre. Es una voz aceitosa y aguada, dividida en su estructura interna, incoherente. Una voz hecha de separación.

Ella intuye que es él, que a él le pasó lo mismo. Que una parte –el aceite- vive en el pasado con ella. Que la otra parte –el agua- convive con el llanto de la ruptura. Siente todo eso, pero no dice palabra de este lado del teléfono.

Cuelga suavemente, como dejando una muestra.

Los días parece que fueran los mismos, pero eso ocurre a causa del deseo. En realidad, nada se repite exactamente, no existe la recurrencia mecánica de los hechos. Los ciclos aprenden de los ciclos muertos y eso es el tiempo, una espiral por la que se fuga el olvido.

Otro día llama al mismo número telefónico. Está dispuesta a colgar más suavemente todavía. A dejarle un segundo mensaje.

Atiende otra voz. Sí, es un hombre, pero parece más joven y más fresco. Ella sabe qué hombre es. Que la frescura de su alma de pájaro aventurero lo trajo hasta el teléfono. Que todavía subsiste el gran embaucador. Esta vez deja que cuelgue él, después de atormentarlo con un largo silencio.

Espera todo el verano hasta la fecha secreta. Ella piensa que sólo las fechas no cambian a las personas. Que volverá a oír la voz que se le declaró. Que eso no cambia jamás.

Llama a la misma hora del primer beso. Ahora atiende una voz aguardentosa y lasciva. Parece la voz de un comerciante de repuestos de automóvil. Debe de haberse peleado con alguien porque tiene la voz dura y bastante afilada. Ella siente miedo del cambio. Si hubiera sabido que iba a responder con esa voz insufrible no lo hubiera llamado. Que la atendiera con esa voz nada menos que ese día, la destroza. Corta rápidamente.

Ahora sabe que nunca la amó de verdad. Que fingió una voz de ruiseñor, pero que en realidad es un cuervo, tiene alma de cuervo y nada más.

A pesar del doloroso fracaso ella piensa que él la descubrió. Que eso hizo que magreara tanto la voz, que quería espantarla, alejarla para siempre. Siente el impulso de llamar una vez más. Pero su dignidad la retiene.

Tampoco su propia voz es mantuvo fiel a sí misma. Ella cambió, cambió lo suficiente como para ocultarse tras una voz de doloroso color.

Aun así la obsesión puede más y ella lo llama una tarde en que la soledad la atormenta. Atiende una mujer. Escucha asombrada su voz. Sí, tiene su voz, la voz de su juventud, la voz cristalina de los buenos vientos. Es dulce y cálida, elocuente y espontánea.

Se siente feliz. Deja que la voz pregunte y reclame del otro lado del teléfono. Deja que cuelgue.

Es feliz. Tiene motivos para serlo. Ahora sabe que las cosas están en su lugar. Que él la tiene a su lado como antes, que en el fondo él ama a la mujer que ella fue, que la ama para siempre. Que se llame Mara o Astrid ahora, es un detalle. Él ama a la misma voz, a la misma mujer. La ama. Y esa repentina revelación le basta para agradecer treinta años de esperanza.

Ahora sabe que él nunca la abandonó.

Ya puede morirse en paz, se lo dice la voz del corazón, y esa voz dice siempre la verdad.

LA HISTORIA DE MILAGROS

Nombró a su hija Milagros porque nació en un eclipse.

Tenía ojos negros y no parpadeaba.

Nunca daba la espalda en los enredos. Nadie había visto su cara oculta, pero todos la llegaron a sentir debajo de los cosméticos oscuros y parcos.

Tuvo un novio que se ahogó cuando el corazón cambió de mano y del trote pasó al lamido del caracol.

Después se protegió del amor.

Cuando lo llamó la muerte ella vistió de blanco: era un solo astro que se opacaba.

Antes de expirar le explicó el porqué del nombre Milagros. Ella escuchó sin gestos ni palabras.

Cuando sola tuvo tiempo. Entonces encaró a la luna y la estudió. La verdad la iluminó y ella eclipsó a la luna.

Quedó preñada en luna nueva de un matrero casual.

Abortó al séptimo mes y ya no volvió a mirar a la extraña matriarca fantasmal.

Se rapó la cabeza y se dedicó a clasificar basura. Y eso la hizo feliz.

En realidad este es el principio de la historia. Y toda historia comienza el día en que un condenado a muerte es feliz.

LAS NOTICIAS DE DIOS

Isidro escribió la carta en su casa, antes de salir para la oficina del Correo. Allí la unió a la correspondencia que debía repartir en el día.

A eso de las once tocó timbre en lo de la señora Úrsula.

Había unos cuantos desconocidos en la casa. Con aire circunspecto salieron a recibirlo.

-Carta para la señora Úrsula.

-La señora Úrsula falleció ayer.

-¡Cuánto lo siento!

-Puede darnos la carta.

Isidro pensó unos instantes en darles o no la carta, la misma carta que venía escribiendo hacía siete años en la que el hijo de la anciana le decía palabras de amor a su madre.

-No es necesario. La carta debe retornar al remitente. Es una disposición del Correo.

-¿De quién era la carta?

Isidro dudó por unos segundos y después respondió inspirado:

-Miren ustedes, es una notificación de muerte. Murió el hijo de la señora. Son cartas que envía el Consulado en el extranjero.

-¿Murió el hijo de la señora?

-Se ve que los carteros llevan consigo los mensajes de Dios. Dejan las noticias que quiere Dios, cuando Dios quiere que las dejen.

Isidro se guardó la última carta y se fue lagrimeando la muerte de los dos. De los dos que tanto le interesaron a Dios.

LOS PRIVILEGIOS DE LAS MARIPOSAS

Una dama de sociedad legó el hermoso jardín de su mansión a las mariposas.

Dispuso que doce millones de duros se destinaran al mantenimiento de las flores del jardín.

Un equipo de cuatro jardineros trabajaron exquisitamente en él, pero el jardín permaneció cerrado al público.

Pronto desaparecieron las mariposas.

Los otros deudos de la rica señora reclamaron entonces esa parte de la fortuna.

El juez ordenó que se abriera el jardín al público.

Pronto volvieron las mariposas, las de siempre, y la voluntad de la señora fue respetada.

La Sabiduría enseña que la mariposa es la alegría del alma y que sólo aquellos que viven como almas pueden participar del banquete de la alegría.

No todos los niños actúan como almas. Las mariposas lo saben, por eso el juez – que también lo sabía- dispuso que los niños escogidos fueron los pequeños ciegos, sordomudos y paralíticos.

Sólo los que sufren entienden la enorme fortuna que requiere mantener con vida un poco de alegría. No se indignan con los testamentos excéntricos y aprueban sin reparos los privilegios de las mariposas.

EL SILENCIO Y EL AMOR

Iñigo había nacido sordomudo. De tanto aprender a leer los labios terminó por leer los pensamientos. Descubrió que el lenguaje de los labios o el de las manos, si bien conducían al lenguaje de las mentes, constituían dos aspectos menores de la comunicación de ideas e imágenes.

Vivió treinta años atribulado, leyendo el doble discurso de los mudos y de los sanos, pero sólo descubrió la verdad después del primer accidente.

La descubrió cuando se encontró solo en la cama del hospital, lleno de tubos, a escondidas con sus propios pensamientos. Descubrió que lo que él pensaba era algo fiero y resbaloso, que era un hombre en la mente y otro en las señas. Y aun otro hombre leyendo absorto las mentes de los otros. De tanto leer el alma de los demás hombres se había olvidado de escucharse, de prestarse atención.

Cuando Iñigo salió del hospital aprendió a leer entre líneas los pensamientos de las otras personas así como sus propios pensamientos, y ya estaba a punto de alcanzar una completa luz sobre la intrusión de la memoria, cuando sufrió otro accidente y, paradójicamente, obtuvo el don de la audición.

Los médicos dijeron que era algo inexplicable, pero la naturaleza en su sabiduría lo premió con un sentido que en alguna medida ya había trabajado internamente.

Iñigo aprendió a disfrutar de los sonidos, aprendió a comprender las palabras y poco a poco descubrió que uno es el lenguaje de la voz y otro el de la mente. Pero la voz se terminó por imponer a la mente y pronto perdió aquel don.

Ahora que oía las palabras y que necesitaba leer los pensamientos más que nunca, la naturaleza lo privó de esa facultad.

Iñigo Juarroz lentamente volvió a quedarse sordo; tan misteriosamente como había llegado la marea alta, se retiró. Naturalmente los médicos se sintieron en paz con la ciencia y con sus conciencias.

A solas con el silencio Iñigo se hizo la gran pregunta: ¿cómo leer el silencio? Y descubrió dramáticamente que su vida había consistido en un prolongado curso de aprendizaje de destrezas cognitivas y que, tal vez, eso lo hacía poseer las mejores condiciones para estudiar el silencio. Y también que ahora era demasiado tarde.

Decepcionado y hundido en su propio vacío, Iñigo Juarroz se dejó morir. La gran claridad llegó una noche y apagó el soplo de su corazón. Murió el mismo día en que descubrió que el silencio es la voz de algo más grande, cuando ya era demasiado tarde para aplicar el hallazgo con libertad y pasión.

Hacía tiempo que los hombres pensaron que se había vuelto loco y lo mantuvieron durante toda la agonía lejos de ellos, en algún lugar apartado, a suficiente distancia del mundo.

Cuando el silencio lo encontró suficientemente templado, lo reclamó.

Los que lo vieron morir dicen que movió los labios como respondiendo una conversación. Pero ellos no sabían leer los labios, ni eran capaces de imaginar, de visualizar que unos labios suaves como plumas de alondras también se mueven inteligentemente cuando besan tiernamente el deseado objeto de su amor.

EL PODER

Ya le dijiste que no. Ahora observa cómo crece la marea, rapsoda. Observa cómo se vuelve malo y denso el viento, siente el vacío, la garganta esférica del espacio. En una hora o acaso en menos la marea lo cubrirá todo.

Ahora vuelve a tu casa de cáscaras de arroz. Deja tus muebles y los cacharros brillantes, el perro de jade vigilando en el umbral, el biombo primoroso de bambú con el león del cielo grabado a fuego. Deja para siempre tu laúd. Los tesoros emocionales, las sábanas de seda, el frasco con el perfume del otro mundo, el samovar delicado, el túnel que comunica con el pasado, la sombra octogonal sobre la pared opuesta a la ventana, la mariposa de encaje.

Déjalo todo y corre y sobre todo no veas atrás. Corre con los bríos del atleta que experimenta la urgente gloria de la mente sin vallas por delante. Corre hasta la montaña, corre por la ladera hacia los monumentos del templete. Encuéntrate con los banderines flotantes de colores magnificados por el sol, con el sonar de las campanillas y la salmodia del puñado de monjes de la montaña. Y entonces, cubierto por la tenue y rampante coraza de la fe en el Bendito, contempla las aguas desatadas destruyéndolo todo, el fin del mundo conocido.

Ya le dijiste que no, ahora conoce por ti mismo, pequeño e incauto rapsoda, el infinito poder de una virgen contrariada.

NEGOCIOS CON LA SABIDURÍA

Creen que soy el más pobre porque vivo en un tonel y como flores silvestres y bebo agua del cielo. Pero lo que no saben es que tengo dos toneles: uno aquí y el otro en la montaña. Lo que tampoco saben es que en el otro vive un gran sabio y que me paga el alquiler con su sabiduría.

Lo que nadie sabe es que gracias a esa transacción he adquirido la sabiduría suficiente para prescindir de este tonel. Para alquilarlo y ser feliz.

Creo que se lo voy a alquilar al que verdaderamente es el hombre más pobre de la tierra. Aunque me pague con su pobreza, es tanta la sabiduría que recibo por el otro tonel, que ni siquiera yo mismo ocupo lugar. Donde yo estoy ya no hay un lugar. Y un simple agujero en la tierra me pondrá aún más cerca de la verdad.

LUNA EN CÁNCER

Dolores se comparó al espejo. Toda de negro y con velo al tono, descendió a las profundidades de su propio infierno. La culpa la consumía.

Cuando el sol asomaba tras las colinas salió a la calle. No había nadie en el camino, de modo que llegó a la iglesia la primera. Las puertas oprobiosas cedieron a su impulso. Se dirigió al confesionario. El silencio rondaba las alturas, la cruel ausencia de perdón.

Como el cura no estaba en su puesto decidió entrar al confesionario, ser juez y parte. Se sentó en el espacio del confesor y le habló a Dios.

Había amado y odiado muchas veces, tantas rondas de amor y odio como lentejuelas en sus trajes de dama almidonada, de señora de la luna de la seducción. Y ahora, preñada de un cafre, dudaba entre cometer un crimen o refugiarse para siempre en su casa allende las colinas y los caireles del sol con la consecuencia de sus actos.

Enumeró sus faltas una a una y esperó que desde su corazón surgiera el perdón. Pero no tuvo tiempo de oír la voz del corazón.

Alguien había llegado para confesarse y llevaba prisa.

Era un asesino, el asesino del talabartero. Estaba rubricando su confesión. Cuando llegó la hora de imponer la penitencia, la señora fingió una voz masculina y segura de sí misma dijo:

-Muerte con muerte se paga. Dios quiere la muerte de un hereje, quiere ver muerto al astrólogo francés que para en la posada. Esa es la grave penitencia que te impone tu Dios.

El rústico murmuró algo incomprensible y se marchó.

Una vez sola, ella desistió de seguir aguardando la voz interior. Salió prestamente del confesionario y se deslizó silenciosamente por el pueblo rumbo a su casa fecunda.

Pero antes de tomar su camino, pasó frente a la posada y dejó que una cáustica lágrima rodara por el negro velo que le empapaba la mejilla. La cara que el muerto besara con pasión cuando la fausta luna estaba en Cáncer y humedecía las ligeras sábanas del deshonor.

LOS COLORES DE LA MUERTE

La flor de la perdida cautela se desarrolla sobre la superficie del pantano. Y el pantano la alberga y hace sus cálculos. Las víctimas dan un paso en falso y pierden su vida, cautivas por la seducción de sus colores mistéricos.

Los colores de esta flor no existen en otro punto sobre la tierra; quien desea la propiedad del ignoto color perderá la vida sobre la máscara atenuada de la muerte.

Todo hechizo, todo deslumbramiento, todo abrupto esplendor enceguece y conduce a la muerte.

Pero una vez que el hombre nuevo se sedujo por el espíritu rampante de la precipitación y la osadía, la terrible flor volvió a la vida en los pantanos. Y en ella hay colores que una mente temeraria, la del hombre nuevo, irradia sin saberlo sobre todo lo que desea.

Los colores de la flor de la perdida cautela sólo son apropiables tras la muerte y sólo la muerte permite su manipulación. Son los colores que ocultan la gran estafa de la vida, que los poetas y los síndicos llamaron ilusión.

EL PÁJARO DEL PARAÍSO

-¡Mira, papá! ¡Otra vez el pájaro!

-No es un pájaro, Josué, es una avioneta.

-¡Es un pájaro!

El padre hizo silencio para no contrariar a su pequeño hijo sentado en la silla de ruedas.

-¡Mira, papá! ¡Está poniendo huevos!

-No son huevos, Josué, son paracaídas.

-¡Son huevos!

El padre volvió a hacer silencio .¿Qué podía hacer con tamaña culpa, con tan humana culpa?

-Papá ¿por qué los huevos se rompen y salen los pichones volando? ¿Qué pájaro es este?

El padre miró los paracaidistas evolucionar en el aire y le dijo a su pequeño:

-Es el ave del paraíso.

-¿El ave del paraíso?

-Sí, Josué, sólo un ave del paraíso puede lograr que sus pichones rompan el huevo y vuelen en libertad.

Josué se quedó pensando un rato largo. Después dijo, meditabundo:

-Me parece que es un avión, papá. Todavía no existe el pájaro del paraíso.

EL ANIMAL DEL UNIVERSO

Siete grandes pegasos blancos gobiernan la cara oculta de la luna.

Los astrólogos que estudian los vientos que circulan por el espacio saben que, hasta cierto punto, esos vientos fríos y polvorientos son producto de sus alas.

Sólo hasta cierto punto ya que el animal del universo respira agitadamente mientras corre todo a lo largo del inmedible sendero vacío.

Como nosotros, siente que no llega nunca a destino y que es preciso apurar el paso.

PAISAJE CON TRAMPA

La flota se ve a lo lejos, en el filo del horizonte.

El sol cruje y crujen todas las cosas.

El niño juega en la playa mientras sueña que su padre regresará con un caballito de mar.

Se siente una explosión. La flota inicia sus operaciones. La lluvia de horror se cierne sobre la ciudad costera.

El niño, o lo que queda de él, está en la mente del padre, que corre en medio de las llamas y no sabe de qué ocuparse primero.

Sólo se puede confiar en el miedo.

El hipocampo, ya no el caballito de mar, juguetea en el arrecife ignorante de casi todas las cosas de la realidad.

El sueño es un camarón boquiabierto y estúpido. Pero es feliz.

LA ARENA DE LA INSPIRACIÓN

Cuando te quedes sin arena darás vuelta el reloj y te aprovisionarás de más arena y levantarás el muro de este lado, y cuando se termine darás la vuelta.

De ese modo no te faltará tiempo para emplear toda la arena que necesites en cada construcción.

Y cuando se acabe, continuarás dando vuelta a la montaña, porque por la inconstante ladera se desliza toda la inspiración.

LA FRAGUA DEL CALENTAMIENTO GLOBAL

Empleaba escarabajos dorados para sanar la seborrea. Los dejaba deambular sobre el cuero cabelludo del paciente, teniendo el cuidado de devolver a los evasivos hasta el casco donde se situaba el mal.

Pero el calentamiento global llegó a la isla y los escarabajos dorados viajaron misteriosamente al continente desamparando al curandero.

Ante las más ríspidas limitaciones un hombre de medicina sabe recurrir a la naturaleza para obtener sus medicamentos.

A falta de escarabajos pintados de oro ahora aplicó sus propios dedos enredados en enjambres de larvas de moscardones violáceos.

Y el resultado no cambió. Poco a poco la traviesa seborrea dejó las cabezas y se instaló en la región del moscardón violeta.

Fue así que el curandero responsabilizó al calentamiento global del fin de la variedad de insectos.

La realidad dice que la seborrea está muy extendida en las islas del sol y las especies locales de insectos sólo toleran una muy liviana caspa. De lo contrario el calentamiento global de las larvas termina por contaminarlas y exterminarlas.

Después de las larvas de moscardones violáceos el curandero aplicó algo de conocimiento botánico. La seborrea prosperaba irrefrenablemente, de modo que el práctico apeló a las semillas de azucenas.

Desde entonces la seborrea retrocedió.

Ahora las variedades de azucenas se multiplican y hoy ya existen sesenta tipos tan exultantes y graciosos que el curandero terminó por afirmar que el calentamiento global le hace mal a los bichos, pero perpetúa a las flores.

Los escarabajos y los moscardones poco a poco volverán a la isla, siempre debido al enfriamiento global. El de las centenares de cabezas que apelan a las semillas de la fría azucena de la isla del sol.

Los dedos de un curandero revuelven la seborrea como si fraguaran algo con el más hirviente metal, el calentamiento global es su poder y también es su mayor contradicción.

LA VERGÜENZA FINAL

-Cuando pasó el dirigible los pájaros huyeron.

-Sintieron miedo.

-Sintieron vergüenza.

-Sin embargo, aquí se ven unos cuantos pájaros.

-Cuando los niños remontan barriletes o sueltan globos los pájaros vuelven a huir. En la medida que dejaron de ser los únicos seres voladores entre los árboles y cerca de la tierra, la vergüenza que sienten es atroz.

-Con el tiempo más y más objetos voladores cubrirán el cielo a la altura de los árboles y los edificios.

-Cuando eso ocurra la vergüenza será tan grande que los pájaros dejarán de volar.

-¡Qué terrible! ¿Y qué ocurrirá entonces con los pájaros?

-Los pájaros son solo pájaros. Espero que el día en que ya no vuelen más pájaros el hombre sienta vergüenza y que ese sea el día final.

EL RELOJ DE DIOS

-¡Llueve, madre! ¡Es un milagro!
-Saca toda la ropa y lávala sobre el ladrillo.
-Madre, ¿puedo lavar el reloj?
-Deja eso en manos de Dios y lava la ropa en el ladrillo.
-¿Y el olor del reloj?
-Son las horas amargas del desierto, Jacinta. Es cosa de Dios.
-Madre, déjeme que lave el reloj, a ver si cambiamos la pisada.
-...
-Por favor...

-Está bien, pero pon las agujas a las diez y diez para que se de por enterado Dios.

LA PIPA. EL BASTÓN Y LA BRÚJULA

Cuando el anciano de edad centenaria estaba en su lecho de muerte, llamó al hijo mayor:

-Te dejo las tres cosas que se necesitan para llegar a los cien años: una pipa, un bastón y una brújula.

-¿Para qué la pipa?

-Para la soledad.

-¿Y el bastón?

-Para la compañía.

-¿Y la brújula?

-Para no irse del todo al otro lado y poder regresar a tiempo.

-Padre, quédese con la brújula.

-No te preocupes, del otro lado no hay propiedad privada. Sólo se trata de caminar.

LA DICHA SIN EL METAL

-Si el finado hubiera muerto antes su mujer habría sido una mujer dichosa.
-¿Cómo es eso?
-Ayer ella sufría, hoy es una mujer dichosa.
-¿Qué es un día en la vida?
-La vida menos un día, Sebastián. La dicha se mide en decibeles y el desgraciado del finado tocaba una matraca de metal.

MUÑECOS

-¿Tiene caramelos de seda?
-Tengo chupetines de raso.
-¿Qué clase de muñeco es usted?

-Trabajé para un ventrílocuo y me independicé.

-¿Y de qué le sirvió ese trabajo?

-La nena que la trajo a la tienda, la manejo yo.

-¿Usted habla con el vientre y ella mueve los labios?

-No, ella habla con el vientre porque está en el período anal, pero yo la controlo porque todavía no le enseño a sacar la voz.

EL ROSTRO QUE NADIE QUIERE VER

El hombre de los mil rostros, que haciendo fuerza y poniendo ingenio y gracia pasaba de faraón a costurera, de avaro veneciano a dama de la corte real, se batió a duelo de cuchillos por una razón desconocida. Y recibió una herida mortal, aunque no de muerte: le marcaron la cara.

El cirujano plástico mantuvo una extensa entrevista con él, sabedor de la especial profesión que practicaba. El hombre de los mil rostros le dijo, con severidad:

-Quiero la cara de la muerte. Es la que me falta.

El cirujano, confundido, le pidió más detalles.

-Nunca pude hacer una mueca como la de la muerte. Creo que tiene una alternativa: o prolonga el tajo o me dibuja una boca más expansiva.

El médico optó por la segunda opción.

El hombre de los mil rostros pasó a llamarse "el hombre de los mil y un rostros", pero ya no volvió a concitar el interés de antes.

Es que nadie se ríe de su propia muerte cuando lo mira a uno a los ojos, mientras lanza a rodar una carcajada de infinito odio y desesperación.

DE PROFESIÓN

El trapecista cayó sobre la red y se quedó tieso.

-¡Un aplauso para él! —salió en su socorro el maestro de ceremonias.

Al otro día abandonó el circo. Se puso a buscar trabajo.

Anduvo sobre los andamios, en las cornisas de los edificios de Manhattan.

Después de mucho buscar encontró su vocación.

Diseña ropa para mascotas domésticas y gana buen dinero.

Cuando se lo preguntan dice que antes vendía seguros de vida.

Y todos saben que un hombre así no puede mentir.

LA FELICIDAD

Un colchón de hojas verdes y de flores.
Un conejo dando saltos.
Un columpio moviéndose al son del viento.
El brazo de una muñeca emergiendo del interior de un balde de
ir a la playa.
Un triciclo rojo con una corneta amarilla.
Y la noche traviesa para quien todo es posible.
Cuando los niños vayan a la cama el jardín volverá a la vida.
De noche los jardines son submarinos atómicos. Les toca a ellos ser felices.

EL ESCULTOR MÁS AUDAZ

Curioso que la estatua de Afrodita enseñara una arruga en el cuello.

-¡Qué audacia la del antiguo escultor!

Después ella pensó que la arruga llegó con el tiempo, con el paso del tiempo, como le ocurre a cualquiera.

Ese pensamiento le hizo mal.

Salió de la plaza y se metió en el baño de una confitería. Su arruga seguía en el entrecejo, no se la había pasado a la diosa.

Pensó que estaba vieja, que ya no podía ser objeto de culto para ningún hombre.

Después volvió a casa.

Al entrar miró por instinto la foto de la abuela junto a la estufa. Era una foto bastante juvenil. Se acercó. ¡También tenía una arruga, pero en la frente!

Quizás el valor de una vida esté en las arrugas, quizás las arrugas muestren el propósito de ser flexibles que alguna vez tuvimos en la vida.

Cuando volvió a la plaza el día siguiente y se acercó a la estatua de Afrodita, se puso a mirarle el cuello.

Se sintió mejor. No debería olvidarlo jamás. Lo que los poetas escriben con palabras, la vida escribe con arrugas. Las arrugas quizás son poemas de la vida. De la vida, del más audaz escultor.

PAISAJE ATORMENTADO

Nubes como pasajeros.
Viento como autobuses.
Lluvia como estaciones en el camino.
Truenos como frenadas a tiempo.
Rayos como cruces de avenidas y paradas.
Ciudad como destino de la tormenta.
El sol cabalga por los sonoros paseos del campo.

EL RELOJ AZUL

A cada grupo humano le corresponde una flor, un árbol, un animal, una piedra y un metal.

Donde yo nací gobierna el pájaro de las angustias, florece la margarita azul, domina el árbol de las palabras y la piedra roma del camino con esquirlas de hierro recorre la tierra gruesa.

Somos del linaje del pájaro lúgubre, que canta con la voz del condenado a muerte. Todos estamos condenados a morir. Nosotros lo cantamos.

El árbol que nos da sombra nos da tema, hablamos claro cuando nos encontramos ante su presencia. Las flores son las páginas más tiernas de nuestra leyenda, las margaritas azules como los ojos de los hijos del pueblo que vino una noche y nos incivilizó.

Cada mujer del pueblo tiene sus ojos al tinte de las margaritas y cada hombre como las piedras ferrosas, sin forma ni expresión: ojos de ocasión, turnantes, oportunos.

La nuestra es una sabiduría extenuada. Ya pasó nuestro ciclo y ahora nos extinguimos en silencio, sin quejarnos.

El cielo de nuestro pueblo sueña bajo un vaho de coníferas y un enorme molino de piedra, para que la harina de nuestras penas prodigue el alimento que no nos dio nuestra posición en la tierra.

Cuando sembramos el jardín sólo pensamos en la margarita azul, porque es la flor del conquistador y del antepasado. Nos lleva rectamente al origen, al reino de los géiseres y del hielo y de una fauna azul. En nuestras almas laboriosas, de las que hoy subsiste la paja de la escoba, está el sello del linaje. Aunque sólo consagramos nuestra sangre a pasar junto al pozo que secó el espíritu recio de Dios.

Las ruinas murmuran que el tiempo pasó, que el tiempo ya pasó. Y ahora arribó la tardía tristeza del norte como promesa de la total claudicación. Contamos las horas arrancando pétalos. Las margaritas azules son nuestro más preciado reloj.

DE CINCO A DIEZ

De tan desesperada que estaba entró a la iglesia. Se arrodilló junto al altar dispuesta a elevar una plegaria de las que se había aprendido de pupila en el colegio de las monjas adoratrices.

Al alzar los ojos al altar descubrió que allí colgaba la cabeza embalsamada de un jabalí, incrustada entre dos fusiles en cruz.

Sorprendida e indignada a la vez, se puso de pie y gritó:

-¡Herejes! ¡Esto es un sacrilegio!

Un hombre que estaba arrodillado a su lado la consoló a su manera. Al menos lo intentó:

-Hoy es viernes señora. A las diez todo vuelve a la normalidad. No se preocupe y rece sus oraciones.

La mujer, que no tenía por qué conocer de qué hablaba el feligrés, le pidió a éste una explicación.

-Vea, el Papa polaco permitió la caza de montería a los monjes, y ese fue el comienzo del fin.

-¿A qué se refiere?

-Los monjes se pusieron a cazar y se entusiasmaron con el vil deporte. Hicieron amistad con clubes de cazadores. Como la iglesia no está muy bien que digamos en lo económico, alquilaron el templo los viernes de cinco de la tarde a diez de la noche a los cazadores. Y recién son las cinco y veinte.

La mujer se quedó pasmada. El feligrés continuó:

-El mismo día que el Papa polaco permitió muy noblemente a los católicos incorporarse a la Masonería, alentó también algo tan infeliz como cazar animales indefensos, y se lo permitió a sus monjes. La culpa no la tiene el jabalí sino los que le tiran al lomo.

En esos momentos entraron hombres con fusiles y se pusieron a tocar un gran tambor.

-Es hora de irnos, señora. Es la llamada del cazador. A partir de este momento usted y yo sobramos aquí. Pronto van a hacer blanco sobre el jabalí embalsamado y después continuarán con la libación. Claro que, a eso de las diez de la noche, descuelgan lo que queda del trofeo de caza y reciben el sacramento de la misa y del perdón. Vaya tranquila, sólo que, los viernes de cinco de la tarde a diez de la noche, olvídese por completo de su vieja religión.

EL TIEMPO DE LAS ESTATUAS

Yo cultivaba una franca admiración por las estatuas. Impasibles, inconquistables, insobornables; arquetipos de la sangre fría, de la paciencia más santa y a la vez más arrojada, las estatuas eran para mí la mayor de las obras del genio humano.

Yo pensaba en el monstruoso discurrir y desgastar del tiempo y que no podía con ellas y eso me hacía admirarlas con devoción.

Una tarde, a la sombra de la estatua de un arcángel, un hombre se atravesó en mi camino. Como yo no dialogaba con las personas humanas me hice el tonto. Pero por una razón inexplicable él tenía un mensaje para mí. Algo o alguien le había comunicado mi admiración por las estatuas.

-Vea, señor, el tiempo tomó una forma y un aspecto inofensivo y paradójico para poder controlarnos, desgastarnos sin que nosotros hiciéramos algo por detenerlo, y lo hizo desde la más remota antigüedad.

-A continuación me va a decir que el tiempo tomó la forma de las estatuas –le dije colgando de mis labios una sonrisa de ironía.

-Y de mausoleos, de tumbas, pirámides y templos. Eso es el tiempo, el gran predador disfrazado de víctima propicia.

-¡Nos lo merecemos por imbéciles! Deberíamos ser como él, como las estatuas.

-¿Y usted quiere convertirse en estatua?

-¡Por supuesto!

-Yo que usted no lo intentaría.

-¿Intentarlo? Lo he intentado desde hace años, pero ya ve, aparece uno como usted y me hace más difíciles las cosas.

-No debería intentarlo porque pronto saldrán a la caza del tiempo.

Me quedé pensando, pensando detenidamente esas palabras absurdas:

-¡No me diga que van a destrozar las estatuas!

-Y los templos, los mausoleos, hasta las mismas montañas.

-¡Es un crimen, una locura!

-Usted también lo va a agradecer –me dijo el desconocido y se puso de pie y con la velocidad del gamo desapareció de mi vista.

Desde el día en que mantuve esa conversación salgo armado. Estoy dispuesto a todo a fin de defender al tiempo, a las bellísimas estatuas.

Los cazo como a ratas y ellos me temen. Me temen porque saben que defenderé al tiempo hasta que no me quede tiempo. Hasta que las estatuas y las iglesias, las montañas y las pulidas piedras del camino me llamen a prestar servicios en la gran opacidad...

Ignoro qué destino me ha reservado el tiempo, pero yo seguiré cazando terroristas como hasta ahora. Presumo que algún día me erigirán una formidable estatua en la plaza de las estatuas desde donde contemplar la Gran Obra de la inteligencia de la vida.

"Al ciudadano desconocido" es todo lo que quiero que escriban en la loza.

Y quiero que mi ejemplo sirva para animar a más y más personas a militar, a salir a defender al tiempo, padre de lo más bello y majestuoso de la vida. A preservar su boato, su jurisdicción estatuaria.

Quiero que mi ejemplo sirva para mantenerlo ahora y siempre con vida.

PROHIBIDO TALAR ÁRBOLES EN EL BOSQUE ELÉCTRICO

Se trata de preservar las nuevas especies surgidas de la evolución natural.

Se trata de evitar que las terminen antes de que hayamos llegado a conocerlas lo suficiente.

Se trata de tener la posibilidad de emplearlas para usos industriales.

Se trata de conocer su potencial genético.

Se trata de algo en que nos va la vida.

Se trata de no talar los árboles en el bosque eléctrico.

Se trata de esperar.

Es posible que sólo sea el principio de una maravillosa era en que la naturaleza adopte definitivamente el modelo humano y el hombre acepte de buen talante el guiño de la naturaleza.

Prohibido hacer lo mismo con lo otro.

Prohibido talar, desconectar. Y, por sobre todo, prohibido envidiar.

LIBRES

Un pájaro también debe de aprender a ser libre.

Todas las mañanas le abría la puerta de la jaula. El pájaro dudaba unos minutos y al final se iba volando.

El viejo regresaba al interior de la casa vacía y se echaba sobre el colchón.

Cuando caía la tarde el pájaro volvía a la jaula. El viejo le cerraba la puerta para que no sintiera miedo. Y al día siguiente repetía el ritual.

Pero una noche el pájaro no volvió.

El viejo cerró la puerta de la jaula por las dudas, para que se acostumbrara al miedo, y se metió en la casa.

Esperó tres días. Transcurrido ese tiempo el viejo fue por la maleta que ya estaba preparada.

Iba a hacer un viaje muy largo, el último viaje. Él también debía de aprender a ser libre.

Salió de la casa con todo cuanto tenía.

Caminó unos metros hacia la vereda. Se detuvo.

Contempló la casa. Cualquiera diría que los recuerdos lo hacían dudar.

Volvió sobre sus pasos. Extrajo la llave de su bolsillo y abrió la puerta de la calle.

La dejó abierta, con la llave puesta, y se fue.

Otros pájaros también deberían de aprender a ser libres.

O quizás sintieran miedo y se refugiaran en la más intensa de las celdas.

Todos los pájaros deberían de tener una oportunidad.

LOS VIAJES EN EL ESPACIO

Los pegasos vuelan en círculo cuando quieren llegar más rápido a destino.

Los círculos que conforman los pegasos con su vuelo son los agujeros negros.

La aceleración del destino.

Los pegasos también vuelan en triángulos.

Lo hacen para confundir a los hombres que observan los cielos.

Los triángulos son más científicos, pero rara vez llevan al destino que vaticinaron los científicos.

Además de círculos y triángulos, los pegasos vuelan en fila india.

Para trazar nuevos caminos.

Los pegasos saben que los caminos se construyen galopando en el espacio siempre al mismo ritmo.

Cuando un pegaso se retrasa un cometa se sale de su órbita.

La extinción de los dinosaurios no fue obra de los cometas.

Es algo más sutil y a la vez más premeditado.

En aquel entonces al menos se retrasaron doce eficientes pegasos.

¿QUÉ HABRÁ PASADO?

Amanda estaba decepcionada de la vida, de la vida y fundamentalmente de ella misma. Camino al colegio imaginó su venganza.

Entró a la clase resuelta a todo y esperó a que llegara la señorita Torres.

Una vez que la profesora leyó la lista, Amanda desde su asiento gritó:

-¡Va a pasar una rata!

Las jóvenes y la profesora se subieron a los pupitres y comenzaron a taconear a causa del terror y del asco que sentían.

Amanda se puso de pie, dejó su asiento junto a la ventana y lentamente caminó por delante de la clase hasta salir por completo del aula.

Después, en su casa, se preguntó si había sido clara en lo que había querido decir, si había pasado otra rata o acaso algo peor. Pero no volvió hasta el otro día a enterarse de la verdad.

MARSUPIANTE

Marsupiante nunca durmió. No tuvo pasado ni sufrió las ascuas de la ambición.

Nació a los treinta años de edad de Gumersindo Sofrateur.

Nació de un golpe en la cabeza en una fábrica.

Murió a los diez años de vida de un derrame cerebral.

Sin pasado y por consecuencia sin futuro, se apagó cuando el golpe en la cabeza de Gumersindo Sofrateur lo devolvió al pasado, al instante en que la cabeza se partió.

Vivió diez años sin tiempo sólo porque un golpe se tomó su tiempo en lastimar los delicados circuitos del cerebro.

Quizás quien vivió por fuera del tiempo fue la herida y Marsupiante representó un lapsus en la vida de un obrero que ni siquiera tenía en claro que antes lo llamaban por otro nombre. Que conoció el significado del olvido sólo porque lo olvidó.

Marsupiante fue el nombrete que le puso un zoólogo que conoció su día permanente, para burlarse de lo que parecía una curiosa falla en el reloj del sol.

NOTICIA LOCAL

Cuando se organizaron los coleccionistas de basura domiciliaria pareció que al fin se daba forma a una verdadera fraternidad democrática.

Pero el idilio no perduró porque el coleccionar basura casera es un placer solitario y nadie quiere compartir la basura de otros.

Para resolver la cuestión que ahora los separaba, la organización decidió dictar talleres de formación de basureros aficionados.

Los amantes de las basuras domiciliarias bien pronto invadieron el edificio de la sede, todos ellos con muestras de sus talentos.

La situación se hubiera vuelto insostenible para la comunidad, dado el enorme interés suscitado por esta actividad, de no ser porque las autoridades prohibieron las reuniones de la organización.

La insurgencia se movilizó y bien pronto en barrios enteros de la ciudad comenzó a escasear la basura. Incluso llegaban a comérsela a fin de demostrar su disconformidad con la decisión oficial.

Finalmente las autoridades locales y la organización, ahora clandestina, alcanzaron un acuerdo. Es así que una tarde reabrieron el antiguo basurero y se cerraron las plantas procesadoras de residuos de última generación, todo a fin de que la organización tuviera su centro de retiros y lugar específico para desarrollar a pleno su actividad.

Quizás no sea ésta una noticia glamorosa para una gran ciudad, pero para la nuestra representa la primera ocasión en que una minoría obtiene un privilegio especial. Dicho todo esto porque a las puertas de nuevos e inminentes reclamos se encuentran los grupos de incendiarios anónimos, las organizaciones armadas milenaristas y otras tantas agrupaciones por el estilo.

La democracia tiene su valor, cualquiera sea el precio que sea necesario pagar por él.

LA HISTORIA IGNORADA

El hombre no evolucionó del mono.

El mono involucionó del hombre.

En todo caso el hombre involucionó del ángel y sólo cuando recobre su estado original liberará al mono de una reputación que no le corresponde.

Mientras tanto los intelectuales escribirán la historia del hombre de los deseos con las plumas del ganso salvaje.

El ganso salvaje involucionó del fuego.

Los poetas entre los ángeles escribieron sus piezas maestras con las llamas que no producen humo.

El humo involucionó de la atrofiada y arcaica facultad de transmutar las miserias y las carencias humanas en espléndidos metales preciosos.

La riqueza material involucionó de la inocencia, y así cada cosa terminó degradándose por causa de la innoble entronización del mono en el árbol del linaje del hombre.

EL PRIMER AGUILUCHO

Cuando el aguilucho se prueba a sí mismo que puede volar, la violeta de los Alpes se dice "ahora".

Los copos de nieve al borde del risco no esperan más.

Las crías de la liebre aprenden a correr al ritmo de la luz.

Y los otros aguiluchos que todavía no lo lograron se dicen a sí mismos; "alguien lo va a pagar".

LA LECCIÓN DE LAS CEREZAS

Cuentan que un monje ingresó a una casa que tenía tres cerezos, uno solo de los cuales había dado frutos, y cuentan que tomó una cereza.

El dueño de casa, que había visto todo a través de la ventana y que en esa ocasión tampoco había abierto la puerta para compartir su arroz con el monje mendicante, este hombre esperó a la tarde para ir al convento y quejarse duramente ante el abad por la conducta de su monje.

-Mañana, cuando te despiertes observa tus cerezos —le dijo el abad.

Insatisfecho por las palabras del religioso, el avaro regresó a su casa.

A la mañana siguiente fue al jardín y observó asombrado que un segundo cerezo se había llenado de frutos.

Hacia el mediodía, cuando aquel monje mendicante llegó con su cuenco vacío y expectante, el avaro salió a recibirlo y alabanciosamente le pidió que tomara otra cereza.

El monje le mostró el cuenco vacío y le dijo:

-Puede que tome un poco de tiempo tu tercer cerezo, pero por el bien de todos corresponde que la segunda cereza me la entregues tú mismo.

PROFECÍA DEL REMOTO PASADO

Los hijos de la niebla púrpura surgieron del bosque de la esencia del relámpago. Se sumergieron en meditación y de ello surgieron el hombre crédulo y el hombre sabio.

El hombre crédulo oyó los truenos y concibió el horror y el mal universal.

El hombre sabio oyó los truenos y concibió el poder del sonido y la nota dominante del espíritu.

El hombre crédulo vio el rayo y concibió la propicidad de los elementos y la sumisión a las fuerzas inferiores del universo.

El hombre sabio vio el rayo y lo atrapó entre sus manos y con esa arma doblegó a los elementos y subyugó a las fuerzas inferiores del universo.

Cuando los hijos de la niebla púrpura regresaron de su meditación al bosque de la esencia del relámpago, la noche cayó sobre la tierra.

Algunos hombres se ocultaron en ella y se entregaron a la oscuridad de los excesos.

Otros hombres contemplaron las estrellas y luego cerraron los ojos y las alcanzaron.

Está dicho que cuando pase la noche los sabios serán las estrellas y los hombres crédulos contemplarán el cielo estrellado.

LA DEUDA DE LA HUMANIDAD

Alguien que regresó de una de las primeras expediciones al Ártico con vida, al llegar aseguró que aquello que lo mantuvo con vigor y energía en medio de tantas duras pruebas de supervivencia, fue la importante deuda económica que un familiar tenía con él.

Cuando unos meses después este familiar murió sin haber podido reunir el monto total de la deuda, ni siquiera una cantidad aproximada, el héroe polar ártico se resfrío y del resfrío pasó a una pulmonía que lo mató.

Recién cuando cayó en la cuenta que nunca habría de cobrar aquella deuda, se hizo cargo de lo frío que es el polo o, lo que es lo mismo, el corazón de los hombres.

La historia tiene una inmensa deuda con él. Quizás si aquel aventurero hubiera pensado en esta otra deuda, no se hubiera muerto congelado tan estúpidamente.

EL DÍA Y LA NOCHE

Tuvo un sueño en que le acariciaban la cabeza, una y otra vez le acariciaban la cabeza, y al despertar tuvo ganas de llorar.

Pero estando presa sólo podía mesarse los cabellos, acariciarse el pelo y soñar.

El día y la noche terminan por ser iguales cuando aprendemos a consolarnos por nosotros mismos a toda hora y en cualquier lugar.

EL TSUNAMI

Pasó el tsunami sobre la isla.

Unos cuantos días después regresó el primer pájaro. Extrañado por el compacto silencio, se posó sobre un libro que había quedado apresado en el lodo.

Miró en todas las direcciones. No vio hombres ni proyectos de hombres, parturientas ni ancianos. No oyó ruido de motores. No percibió aromas anormales y químicos, sólo una inmunda y pútrida atmósfera de pantanal. Algo más familiar.

Miró el cielo. Otros pájaros se acercaban. Iba a ser el primero en hablar del asunto. Pero era un pájaro prudente, así que cuando los otros camaradas llegaron a su lado, apenas si les dijo lacónicamente:

-Parece que aquí sí podemos empezar de cero.

Y con las patitas se puso a escarbar sobre las páginas del libro preso por si surgía algo como para alimentarse en paz, en aquella seductora atmósfera de regeneración.

LAS CAMPANAS

Las campanas dialogan a ciertas horas del día. Los monjes se comunican mejor por medio de las campanas.

Los hombres ya no creen en los rezos, en el brillo de las velas encendidas, en los ritos ni en el incienso.

Piensan que las campanas se tañen solas, las campanas como las horas.

Han perdido su fe en los hombres de Dios y no creen que tengan algo que ver con las campanas.

Si los monjes no mantuvieran a las campanas en condiciones, pueblos y ciudades enteros se entregarían al desorden.

Es mejor que los hombres crean en las campanas. La fe justifica los medios, el fin es algo demasiado incierto.

EL FUEGO DE LOS RICOS Y DE LOS POBRES

Un hombre que se robó un crucifijo y lo usó para calentarse el caldo, un buen día se volvió rico. Ordenó setenta mil crucifijos y los donó a la parroquia.

La noticia corrió de boca en boca.

Columnas de peregrinos vinieron a mendigar un crucifijo para caldear el vino.

Cristo prodigó de pobre lo que su tumba a los que estudian para ricos. Setenta mil cruces de palo para los pobres expectantes del condado.

Un solo fuego arde con las ascuas del Día el Juicio. Los ricos lo tienen contratado y los pobres van en busca de lo mismo.

EL ALQUIMISTA

El hada le dijo a los duendes:
-Allí vive el alquimista. No se acerquen porque él nos ve.

Los duendes dijeron, sobresaltados:
-¡Nos quiere usar para sus experimentos!

El hada sonriente les explicó:
-Nos quiere convertir en seres humanos.

-¡Está loco! –chillaron los duendes.

-Es duro y está ciego –explicó el hada-, no nos ve con nuestros ojos y no nos comprende con su corazón.

ORFEO

Cuando la madre de Orfeo estaba a punto de dar a luz, vio un pegaso sobre los campos de cultivo.

-Tu hijo se unirá a los dioses un día – vaticinaron los sabios.

-¿Volveré a ver un pegaso alguna vez? – preguntó la mujer, excitada.

.A temprana edad tu hijo será iniciado en los misterios de la naturaleza escondida. El sí verá a los grandes pegasos.

-¿Y yo? –insistió la madre de Orfeo.

-Tú sabrás que él ya voló, una vez que vuelvas a ver un pegaso.

La mujer, dolorida, exclamó:

-¡No deseo volver a ver otro pegazo nunca más!

Los sabios la calmaron:

-Piensa que al menos durante los próximos años vivirás con un hombre divino, que el pegaso que viste te lo anunció y que una vez que tu hijo se vaya de tu lado ya nadie volverá a ver a los pegazos.

-¿Los pegasos seguirán a mi hijo a la morada de los dioses?

-Orfeo les enseñará a encontrar su propio mundo en nuestro mundo. Orfeo quedará en la memoria de los hombres, los pegasos quedarán en la memoria de Orfeo. Y la memoria del hombre divino es un mundo aparte dentro de nuestro pequeño mundo desventurado.

LA RAZA FUTURA

Será algo más elevada.
Será algo más humana.
Será algo más compasiva.
Será algo más sabia.
Será algo más intuitiva.
Algo más apacible.

Algo más respetuosa de la vida.

Algo más equilibrada.

Y además será algo menos impuntual.

Todavía falta mucho para la raza de la ubicuidad.

ES

Existe en las grandes extensiones del campo y se manifiesta en las noches sin luna y cuando se apagan los cantos de los animales y de los insectos.

Existe en los polos, en las grandes extensiones nevadas, y se manifiesta cuando el ulular del viento se detiene y la oscuridad no refleja la sensibilidad.

Existe en la cima de las grandes montañas, cuando ante el cielo estrellado sólo se oye el movimiento perpetuo, y se siente la protección de la entidad espacial.

No es el miedo transmutado en silencio.

No es la saturación de la soledad.

No es el sexto sentido que fue estimulado por una atmósfera propicia.

No es un fenómeno hipnótico producto del vencimiento de los sentidos materiales.

No es la presencia de lo desconocido para la mente.

No es la ausencia de puntos de referencia.

No es el principio de algo diferente.

No es el estado virginal de la materia.

Es uno mismo visto desde su infinito interior.

LOS INFIERNOS

-¿Cuántos infiernos hay? –preguntó el abad a los monjes reunidos.

Uno se animó a preguntar:

-Pero ¿es que existe el infierno?

-Los infiernos -corrigió el abad.

Sorprendidos, los monjes quisieron conocer más.

-Son independientes y aislados unos de otros, pero están constituidos por la misma cantidad de miserias, padecimientos y dolor.

-¿Y dónde están? –insistieron los monjes.

-En todas partes.

-¿Cómo es que están en todas partes y ninguno de nosotros los vio jamás?

El abad se puso serio y observó:

-¿Cuánto os conocéis de verdad? ¿Cuánto conocéis de los demás seres humanos? ¿Qué creéis que son los innumerables infiernos? Cada ser que piensa pasa por ese estado alguna vez y se identifica totalmente con ello, y los monjes no son la excepción. El infierno no es un lugar para los difuntos, es una condición de los muertos en vida. Es así, hay tantos infiernos como dudas y temores, como hombres que no se conocen a sí mismos ni, por consecuencia, han realizado la hazaña de conquistarse por la luz de la sabiduría. Esa era la respuesta, pero ¿cómo podría conocer esta respuesta quien mora en el infierno de la ignorancia y de la autoindulgencia, del amor propio y del autointerés?

LA CONSAGRACIÓN DE LA MORADA

Un día antes de mudarse consagraron la cerca, el jardín, los árboles y las flores, la casa parte por parte. Pero no consagraron el aljibe seco.

Vivieron tranquilos sin que les faltara nada.

Sólo en el fondo del pozo la vida era muy distinta. Las hormigas y los otros insectos se disputaban las pocas cosas que había disponibles, las ratas furtivas estaban siempre inquietas y la antigua olla de barro, cada vez que llovía se sentía doblemente abrumada: por el terrible peso del agua de la lluvia y del sinnúmero de monedas de oro, de macizos discos dorados que de tan macizos ni siquiera flotaban con libertad.

SOÑAR DE VERDAD

Soñaba que era una reina.

Soñaba que era una reina en un palacio maravilloso.

Soñaba que era una reina en un palacio maravilloso, con su esposo, el más apuesto de los reyes.

Soñaba que regía con sabiduría su palacio, el corazón del rey y el de su pueblo.

Soñaba y soñaba y soñaba tanto, que no atendía suficientemente las necesidades de su palacio, ni de su esposo, ni del pueblo.

Y cuando despertó de sus fantasías irreales no le quedó otro camino que abdicar.

La mujer que había soñado sólo la verdad ocupó desde entonces su lugar.

CONFUSIÓN POR LAS MARIPOSAS

La primera mariposa, la más maravillosa belleza se posó en la primera flor abierta de un damasco. Todos los damascos se transformaron en árboles inmensos y admirables, con frutos, gemas y ríos de ambrosía corriendo por sus troncos.

La primera mariposa se posó en la primera flor abierta de un cerezo y todos los cerezos se volvieron árboles perfumados y traslúcidos, que cantaban balsámicas melodías.

Se posó en todas las primeras flores abiertas y el paraíso vino a la vida y nadie conoció otra vez el territorio de la belleza original.

Pero la primera mariposa en nacer fue también la primera en morir. Y con su muerte el paraíso se volvió una jungla y un bosque vulgares.

Después apareció el primer hombre y se lamentó de lo pobre que estaba la tierra, de la ausencia visible de un poder trascendental.

La naturaleza, conmovida, envió otras mariposas a alegrar el corazón del hombre. Pero el hombre, al ver la belleza de las mariposas, sintió envidia. La naturaleza, apiadada, las transformó en orugas.

El hombre se alegró con la fealdad de la mariposa.

En ese tiempo la naturaleza dejó en manos del hombre los siguientes pasos. Pero puso una condición: si el hombre despertaba, la pobreza de la tierra podría volver a ser la riqueza del paraíso.

Pero el hombre sólo aprendió a soñar el paraíso, sólo a soñar. Del sueño surgieron nuevas y fugaces mariposas, pero con cada nueva mariposa volvían las orugas.

Finalmente la naturaleza decidió que en todo momento hubiera hombres despiertos como la primer mariposa y hombres dormidos como las somnolientas orugas. Y desde entonces muy pocos hombres supieron reconocer la diferencia entre soñar y estar despierto, entre la pobreza y el verdadero poder.

LOS PEGASOS Y LOS HOMBRES

Los pegasos se alejaron volando.
Los centauros se acercaron trotando al risco y los contemplaron.
El más viejo de los centauros observó:
-Vuelan pero no tienen cabeza.
Unos hombres venían caminando al pocos metros de allí, pero no vieron a los centauros.
El mismo patriarca del grupo dijo:
-Tienen cabeza pero no vuelan.
-¿Perdieron las alas?

-No, amigo mío. Sencillamente, no creen en los centauros.

AL DESPERTAR

Al despertar recibimos en la conciencia una palabra que no entendemos.

En la calle un ciego nos pide ayuda. Sin saber por qué le decimos aquella palabra. El ciego sonríe.

Al ir a la cama por la noche nos preguntamos qué sentido tiene todo esto.

A la mañana salimos a la calle.

El ciego le dice a todo el mundo que alguien le comunicó la palabra que cura la ceguera, que esa palabra lo liberó de la ceguera.

Para ese entonces ya no recordamos la palabra en cuestión. Se la preguntamos al que ahora ve.

Él nos dice que esa palabra no nos servirá de nada, que nos va a enseñar otra palabra, una palabra para los que sueñan despiertos.

Escuchamos la palabra con la misma ansiedad de un ciego. Y comprendemos.
Era todo un sueño.

Tomamos el bastón y vamos caminando con cuidado, en la noche perpetua, hasta la esquina consabida.

Pedimos una ayuda, sólo que ahora sabemos que ninguna palabra puede terminar con nuestra condición de ciegos. Pero el hecho de haber despertado del soñar despiertos nos hace sentir bien.

Al despertar recibimos en la conciencia una impresión maravillosa que sólo pueden entender quienes estaban ciegos.

ORIGINACIÓN DEPENDIENTE

La mariposa está sobre la flor.
La flor está en el jardín de la casa de mis padres.

La casa de mis padres está en un barrio de intrigas palaciegas.

El barrio está ubicado en una ciudad muy amplia que le da las espaldas al mar.

El mar está en todas partes.

En todas partes se desató la gran guerra.

La guerra nace en el corazón de los hombres.

El corazón de los hombres palpita en todos los actos.

Los actos del hombre están en contradicción con la naturaleza.

La naturaleza está cautiva de las ciudades cementíferas.

La ciudad también le da la espalda a los bosques y a los campos.

Los bosques y los campos están en todo alienta lo mejor de la vida.

Lo mejor de la vida está en una mariposa.

La mariposa está en mi red, en una de las redes.

Nunca hubiera podido escapar del problema, cualquiera fuera la red.

ALGO MENOR

-El monasterio de Saint Pierre D'Alambouasede está malherido.

-¿Fueron los aviones?

-Fueron las palomas.

-Y ¿tanto poder tienen las palomas?

-Sí, especialmente en el cristianismo, amigo mío.

LAS CABEZAS DE PODER

El pueblo de los hombres de cabezas chatas mezcló agua con tierra y produjo una masa con la que elaboró un hombre de cabeza redonda.

Al ver la cabeza redonda dijeron:

"¡Cuántos pensamientos extraordinarias se podrían concebir con una cabeza redonda!"

Y llevaron al ídolo hasta la boca del volcán y lo arrojaron a la lava hirviente. Y esperaron días y semanas.

Como nada ocurrió se reunieron a deliberar y razonaron:

"La cabeza redonda no sirve para resolver el problema de las inesperadas erupciones del volcán".

"Creemos el hombre de cabeza ovalada".

"Creemos el hombre de cabeza de punta de flecha".

"Creemos el hombre de cabeza de volcán".

Y el pueblo de los hombres de cabeza chata creó una pléyade de hombres de barro con todo tipo de cabezas. Y los llevó hasta la boca del volcán y los arrojó en la lava hirviente.

Y esperó días y semanas a que se apagara el volcán, hasta que se produjo una gran tormenta en el mar y un inmenso maremoto se tragó una buena parte de la isla, incluido el volcán.

Los escasos sobrevivientes del pueblo de los hombres de cabezas chatas se reunieron a deliberar:

"Demasiadas cabezas. Los nuevos pensamientos tienen la fuerza del mar y la impiedad del volcán. Conformémonos con lo aprendido: aprendimos la ventaja de no cambiar demasiado de forma de pensar".

LOS PEGASOS Y LAS NAVES EXTRAÑAS

-Abuelo ¿por qué los astronautas durante sus vuelos jamás vieron un pegaso?

-Porque los pegasos no los vieron a ellos.

-¿Y por qué los pegasos no vieron a los astronautas?

-Porque los astronautas sólo están programados para avistar naves extrañas en el cielo.

EL AMOR Y LAS PLANTAS

-A las tres de la tarde el jardinero entra al cuarto de la cocinera. Me dijo que poda las rosas del balcón. A las seis de la tarde entra al cuarto del ama de llaves. Me dijo que corta las enredaderas. Recién a las diez de la noche entra a su cuarto matrimonial. Dice que se ocupa de los helechos en la ventana. O es un soberano mentiroso o habla con metáforas.

-Es un hombre de trabajo preocupado por las plantas.

-Sin embargo las plantas de tu cuarto están muy descuidadas y llenas de hierbajos.

-Es una metáfora.

-¿Una metáfora?

-Sí, el jardinero es mi aliado. Sabe que dejando que mis plantas crezcan salvajemente, algún día aprenderás a leer mis más íntimos deseos sin tener que preguntarle nada de ello a él.

LA BELLA DURMIENTE QUE SE EQUIVOCÓ

Unos siglos más adelante la hubieran conocido por otro nombre más romántico, pero en el año de mil siete la llamaban "la estúpida durmiente".

Su fama corrió por toda la comarca al extremo que las autoridades religiosas tomaron cartas en el asunto.

Empezó por dormir tres días seguidos. Al despertar, el sacerdote la interrogó:

-¿En qué día del Señor es que vives?

-A dos de marzo del año de mil siete.

-¡Prodigioso! Es correcto.

Y después durmió durante cuatro días continuados y al despertar y ser interpelada volvió a responder adecuadamente:

-A seis de mayo del año de mil siete.

Todo ese año durmió a largos intervalos y despertó sin pecado. En diciembre se quedó dormida durante una semana o más y cuando ya apestaba despertó:

-¿En qué día del Señor es que vives?

-A jueves diez de enero del año de dos mil ocho.

-¡El diablo! ¡Eso es imposible! ¡No es aserto cristiano!

La pobre muchacha, asustada por las admoniciones se quedó en la cama y se durmió de puro susto nada más.

Los sabios se reunieron y determinaron que el mundo se terminaba en el año dos mil, que halaba el demonio a través de la humana expresión. Y la llevaron a dormir a una tumba en el valle de las piedras sonoras.

Ayer fue jueves diez de enero de dos mil ocho. Una noticia aislada en la prensa dijo que en Noruega nació una niña y que al abrir los ojos habló. La noticia omite consignar qué palabras refirió. Quizás en la lengua de los bebés prematuros nombró el año del mil siete por ancestral temor. Quizás evitó comunicar la fecha del día en un idioma comprensible, para impedir que la volvieran a enterrar.

En el valle de las piedras sonoras nada cambió. Todo duerme como cuando la "estúpida durmiente" se equivocó de milenio. Y la iglesia de por lo menos dos.

AXIOMÁTICA

Si el cinturón de asteroides estuviera más cerca de la Tierra, las perturbaciones meteorológicas y magnéticas serían terribles.

Las comunicaciones satelitales sufrirían interrupciones y se ocasionarían severos trastornos a las redes digitales.

Los mares se rebelarían. Intensas tormentas de viento y lluvia amenazarían el planeta.

Las influencias magnéticas ocasionarían graves trastornos fisiológicos en el hombre, calamidades, cretinismo, psicosis. Todo tipo de desórdenes.

Quizás nacieran hombres horribles, desequilibrados psicópatas, ruinas humanas.

Afortunadamente el cinturón de asteroides permanece a una buena distancia de la Tierra.

Lo que ocurre es que los hombres son hijos de los animales de las estrellas y los animales terrestres son los modelos de toda su creación. Los hombres se dieron los usos y costumbres de la era del primitivo antepasado del león. Sólo que el león no se detuvo en su evolución y el hombre ve con curiosidad malsana todo lo que tenga que ver con lo que hay por debajo del cinturón.

CURRICULUM VITAE

Manuel Arduino Pavón
Nace en Montevideo el 23.02.55
Realiza estudios de Literatura en Uruguay por su cuenta y riesgo.
Ingresa a la Sección Uruguaya de la Sociedad Teosófica en 1979. Participa de cinco Consejos Directivos de la institución, ocupando en dos oportunidades el cargo de Vicepresidente Nacional.
Gestiona la librería de textos esotéricos y espirituales – "Librería de la Tradición Serena"- en Montevideo.
Se desempeña como Bibliotecario Encargado de la segunda Biblioteca Esotérica de Latinoamérica (Montevideo, Uruguay).
Realiza estudios de Teosofía, Esoterismo Oriental y Occidental, Psicología Humanista, y se especializa en el empleo del Libro de las Transformaciones (I Ching) que estudia y consulta desde hace más de 30 años.
Dicta cursos sobre esas materias y talleres sobre el auto-descubrimiento a través de la escritura (no grafología).
Redacta y lee breves ensayos filosóficos en programa radial (Radio Centenario) de Montevideo, Uruguay.
Guión y co-conducción del programa radial de la Sociedad Teosófica en Uruguay, entre los años 1981 y 2004. El mismo se emitía por CX40 Radio Fénix, de Montevideo.

CURRICULUM LITERARIO

-1967, Mención en Certamen convocado por el Serra Club de Montevideo, entre jóvenes estudiantes.
-1975, Publica el opúsculo "200 Palestinas para un músculo", cuentos, en Ediciones Ánfora Solar, Montevideo.
-Primer premio entre textos de creación libre, en el Certamen convocado por el programa radial "Eco Contemporáneo" en Radio Panamericana de Montevideo.
-1979, Mención especial y tres Menciones simples, con publicación, en el Concurso de Cuentos para Oír, convocado por Radio Sarandí de Montevideo (Programa "Discodromo")
-1979, Segundo premio y publicación en el Certamen de Cuentos para Leer en Alta Voz, convocado por Radio Carve de Montevideo.
-1980, Seleccionado para antología de cuentistas menores de veinticinco años de edad, publicada por la 3ª Feria Internacional del Libro de Montevideo, volumen editado bajo el título "Los nuevos cuentan".
-Finalista en Certamen de Humor Filosófico de Centro Filosófico de Madrid.
-Finalista en dos oportunidades del Concurso de Cuentos La Felguera, España.
-1991, Primeros premios mensuales otorgados a cuentos breves en el programa de Canto Popular de Radio Nacional de Montevideo.

-1991, Publica "El libro de las ruinas azules - Historias arquetípicas y maravillosas", en homenaje a Helena P.Blavatsky, al conmemorarse el centenario de su fallecimiento. Colección de cuentos éticos y espirituales en Ediciones de la Banda Oriental de Montevideo.

-Obtiene en dos oportunidades el Primer premio del Concurso anual de cuentos "Melvin Jones", convocado por el Club de Leones de Montevideo.

-2002, Mención en el concurso de cuentos en defensa de los animales, convocado por la Institución Ecqus de Montevideo.

-2003, Premiado (poesía) en el II Certamen Internacional de Poesía y Cuento Breve "Don M. Hernández", organizado, entre otras entidades, por la Asociación de Escritores Argentinos y Uruguayos (ADEAYU)

-2003, Mención en el concurso literario de recreación de un mito según la tradición griega, convocado por la Fundación María Tsakos, en Montevideo.

-2004, Mención de Honor y posterior publicación en libro colectivo de Ediciones Pegaso de Rosario, Argentina, en el marco del Certamen Internacional de Poesía, Cuento y Ensayo "Jorge Luis Borges".

-2004, Poema Mencionado en el Certamen de Poemas sobre la relación entre el hombre y el caballo, convocado por la Institución Ecqus de Montevideo.

-2005, Mención y publicación de uno de sus cuentos en el marco del 1er. Certamen de Cuentos de la Asociación de Afiliados de Previsión, de Montevideo.
2005, Premiación de un cuento y un poema en el XVII Concurso Literario de Cuento Corto y Poesía "Prof. Antonio M. Apas Lucas" convocado en Montevideo.
-2006, Finalista del Certamen de Relatos Ron y Miel, España.
-2007, Premio Mejor Trabajo Categoría Cuentos, en Certamen de la Asociación de Escritores Argentinos y Uruguayos.
-2007, Con cuentos seleccionados en distintos certámenes, integra las antologías de las Editoriales argentinas Nuevo Ser, Andrónico, De los Cuatro Vientos, Raíz Alternativa y Trazo Literario, y de la Editorial Lulú, de España.
-2007, Finalista Concurso de Frases "A vuela pluma", España.
-2007, Finalista del Concurso La Lectora Impaciente, España, en categoría cuentos.
-2007, Mención Honorífica en el Concurso "Eduardo", de Narrativa de Deportes y Viajes, Puerto Rico.
-2007, Mención de Honor Concurso Internacional "Encuentro", Ediciones Pegaso y The Cove/Rincón.
-2007, Semifinalista concurso poesía de Centro Poético, España. Publicación en antología.

-2007, 2° Premio certamen cuentos de terror Asociación Lovecraftiana de Buenos Aires, Argentina.
-2007, Mención de Honor y Publicación de poema en Concurso Literario Primo M. Belleti 2007", SADE Villa María, Argentina.
-2007, Finalista Concurso Internacional de Microficción "Garzón Céspedes", Categorías Relato y Poseía
-2007, Selección y publicación "Antología de Cuento Breve", Editorial Dunken, Argentina
-2007, 2° Accésit Relato Hiperbreve, Premio Faroni 2007, España.
-2007, 2° Premio Disciplina Cuento del Primer Certamen Interdisciplinario de Artes, Revista El Rescoldo, Buenos Aires.
-2008, Primer Premio Concurso de Cuentos "Jorge Luis Borges" convocado por la Revista SESAM y la Sociedad de Escritores de San Martín, Buenos Aires
-2008, Finalista Primer Concurso "Palabras en Acción", EE.UU.
-2008, Semifinalista nuevo concurso poesía Centro Poético, España. Publicación comprometida en antología.
2008, Selección de poema para edición antología en Concurso Club Abuelos, España. Publicado por Editorial Lulú.

-2008, Finalista Concurso "Millennium de la Gente", cuentos, organizado por la Revista homónima, de Chabás, Rosario, Argentina
-2008, Publicación del poemario "Diario de un refugiado" en Ediciones Amargord (España)
2009- Publicación de "Los decálogos que no están en catálogo", con La Compañía de los Versos Anónimo, de Granada, España.
2009-Publicación de "Los Misterios de las Llaves Maestras", guión para historieta, en Wiseman Publishing de Amsterdam, Holanda.
2009- Publicación de "El pequeño libro de los espejos" En Ediciones Corona Borealis de España.
2009-Publicación de "Los Frutos del Árbol de la Vida (Aforismos del Orden Supremo)" en Editorial Panorama de México.
2009-Publicación de "La iniciación en el sendero del escarabajo", novela, en Littera Libros de Madrid.
2010-Publicación de "I Ching Esotérico", en Ediciones Absalon de Cádiz, España.
2010-Publicación de "Mi reino por una flor", novela, en Editorial Montemira de San José de Costa Rica.
2010-Publicación de "Símbholos y Simbholismo, una interpretación holística y oculta de símbolos sagrados y cotidianos", ensayo esotérico, en PNL Books, España.
2010-Publicación de "Cuentos con animales que no siempre cuentan" en Ediciones Muza, Canadá.

2010-Publicación en antología "Primer Premio Digi-Books de Relato", Editorial Opera Prima de España
2010-Publicación de "Páginas de Psicología Esotérica", ensayo, en PNL Books, España
2010- Publicación de "Conjuntos y Conjuros", poemario, en Editorial Sombra de Arce, España
2010-Publicación de "Ave Celdario", poemario, en Cartonerita Niñabonita, España.
2011-Publicación de "Monstruos", novela, en Editorial Sombra de Arce.
2011-Publicación de "La Ley del Ritmo en la vida del alma", ensayo, en Editorial Panorama, México.
2011-Publicación de "Y sólo yo", relatos, en Ovejita E-books, Florida, EE.UU.
2011-Publicación de "Lecturas de Ocultismo", ensayos, en Editorial Sombra de Arce, España
2011 –Publicación de "La mente y el ciberespacio", ensayo esotérico, en Babel Books Inc., Nueva York
2012- Publicación de "La sustancia del olvido", novela breve, en El arte de escribir, España.
2012- Publicación de "El sendero del escarabajo", novela, Editorial Muza, Canadá.
2012 –Publicación de "La curvatura del espacio", plaquette de poesía, El Caracol de Espuma, Caracas, Venezuela.
2012 –Publicación de "Rojo planeta rojo", microrrelatos, en E book Editorial, Colombia.

2012 –Publicación de "La misión de Pablo Siesta", novela social, en Izana Editores, España.
2012 –Publicación de "Un libro lleno de objetos", cuentos breves, en Tienda Libróptica, Buenos Aires, Argentina.
2012 –Publicación de "Cuentos con paraguas", cuentos breves, en Tienda Libróptica, Buenos Aires, Argentina.
2012 –Publicación de "Los espectros interiores", novela, en Ernest Vidal Editor, España.
2012 –Publicación de "Abreviario", poemario, en Galeon Books, España.
2012 –Publicación de "El otro punto de vista", reunión de artículos misceláneos, en Galeon Books, España.
2012 –Publicación de "Mentiras, extraños, desvalidos y asociados", cuentos y relatos urbanos, en Amazon. (Shared Pen, EE.UU.)
2012 -Publicación de "La Vía Dorada", poesía mística, en Ediciones del Arte Real (Masónica), España

2012 –Publicación de cuentos y relato dentro de la obra "El Peregrino de la Rosacruz" de Philleas de Montesexto, OPI, Montevideo, Uruguay.
2012 –Publicación de "Ostracismo, derrumbe y sed", cuento y canto, The Write Deal, EE.UU.
2012 –Publicación de "Tibios y muertos", cuentos policiales y macabros, en Ediciones aContracorriente, Madrid, España.

2012 –Publicación de "Diálogos hasta la mitad", ficción – diálogos literarios, en PKS Editions, Barcelona, España
2012 –Publicación de "Deseo y Quebranto", selección de poemas, en Cordelería Ilustrada, España.
2012 –Publicación de "El estrés de los dragones", relatos, en "Sediento Ediciones, México.
2012 –Publicación de "El deseo y el quebranto", poemario en versión completa, en Parinacota Ediciones, España.
2012 –Publicación de "Viaje por el interior del ladrón", novela, en "Ernest Vidal Editor", España.
2012 –Publicación de "Una lámpara en la cripta", artículos de pensamiento alternativo, en Editorial Masónica Española, España.
2012 –Publicación de "El Proceso Iniciático en el hombre corriente", ensayo esotérico, en babel Books. Inc. Nueva York.
2012 –Publicación de "Los dos gobiernos del mundo", ensayo esotérico, en Babel Books Inc., Nueva York.
2012 –Publicación de "Prácticas von el Amor Universal", ensayo esotérico, en Babel Books Inc-, Nueva York
2012 –Publicación de "La Insistencia del péndulo", aforismos espirituales, en Babel Books Inc., Nueva York.

2012 –Publicación de "La Voz en el Sendero" aforismos espirituales, en Babel Books Inc., Mueva York
2013 –Publicación de "Superhéroes sin trabajo", relato, en Acedrex Publishing, EE.UU., España.
2013 –Publicación de "En memoria del violinista", relatos, en Editorial El Barco Ebrio, España.
2013 –Publicación de "Experimentos con el pulgar", cuentos breves y desconcertantes, en PKS Editions, España.
2013 –Publicación de "No llaman a la puerta", relatos antagónicos, en Enxebrebooks, España.
2013 –Publicación de "Desde el Portal", artículos de pensamiento alternativo, en Ernest Vidal Editor, España.
2013 –Publicación de "El Cuento de los Cuentos", novela juvenil, en Ernest Vidal Editor, España.
2013 –Publicación de "Camaleones", cuentos breves, en Todo Me Pasa Ediciones, México.
2013 –Publicación de "Las Historias de los Silencios", álbum ilustrado en colaboración con el artista César Fernández Vázquez, en Ave Fénix, España.
2013 –Publicación de "Casas tomadas, aves migrantes", cuentos y relatos, en United P.C., España.
2013 –Publicación de "Cíclope", cuentos minimalistas, Franz Editores, España

2013 –Publicación de "Cadáver en el fondo del aljibe", relatos minimalistas, Franz Editores, España.
2013 –Publicación de "Cuentos para terminar con el enemigo", en Nauta Editorial, Puerto Rico.
2013 –Publicación de "Alana tiene un secreto", novela breve, en Triskel Ediciones, España.
2013 –Publicación de "Residencia en la Esfinge", poemario, en Editorial Celesta, España.
2013 –Publicación de "Diez artes para sanarse y vivir en armonía", guía de auto-ayuda, Editorial Panorama, México.
2013 –Publicación de "Cien sueños y una noche", antología temática de cuentos breves, Somnium Ediciones, Argentina.
2013 –Publicación de "Seis distintas formas de morir y otras crudas realidades", cuentos, policiales y de terror, Somnium Ediciones, Argentina.
2013 –Publicación de "Cuenta claro", relatos breves, en Ediciones Sedna, España.
2013 –Publicación de "Diccionario del condenado a muerte", ficción policial, en Acedrex Publishing, EE.UU.
2013 –Publicación de "La Misión de un Peregrino", relato simbólico, en PKS Editions, España.
2013 –Publicación de "Inventos a cuerda, inventos sin cuerda", cuentos y relatos cosmopolitas, en Fractal Editores, México.

2013 –Publicación de "Relatos Fugaces", breves relatos ilustrados, en Editorial Foc, España.
2013 –Publicación de "Gladiator-tweets", tweets literarios, en Ediciones Crusoe, España.
2013 –Publicación de "Estudios esotéricos para el Nuevo Tiempo", ensayos breves esotéricos, en Babel Books Inc., Nueva York
2013 –Publicación de "Breviario de Mística Oculta", ensayo esotérico, en Babel Books Inc., Nueva York
2014 –Publicación de "Las criaturas del jardín de las ideas", relato simbólico, en Editorial Itsbooks, España.
2014 –Publicación de "Modelos para desarmar", antología de novelas breves y colecciones de relatos, en Libralia Editorial, España.
2014 –Publicación de "Gastronomicón", ficción de cosmogonía gastronómica, en Editorial Gradiente, España.
2014- Publicación de "El cóndor sideral", relatos de suspenso y terror, en Editorial Montemira, Costa Rica.
2014 –Publicación de "Holos", ensayo sobre simbolismo, en Editorial Masónica Española.
2014 –Publicación de "Studies on the Hidden Powers of Heart, esoteric essays, America Star Books, USA.
2014 –Publicación de "Confesiones de hombres con algo de batracios", relatos breves e ingeniosidades literarias, en Librartes, Venezuela.

2014 –Publicación de "Cuentos del Camino Escondido", microcuentos espirituales, Editorial Novelnobel, España.
2014 –Publicación de "Arlette", novela breve, en Araña Editorial, España.
2014 –Publicación de "Estudios Esotéricos Alternativos", ensayos, en Planeta Alvi, España.
2014 –Publicación de "La ruta, el camino perdido", relatos psicológicos y atemporales, en Editorial Gradiente, España.
2014 –Publicación de "Fundamentos ocultos de la Ciencia del Sonido y otros estudios superiores", ensayos esotéricos, en Planeta Alvi, España.
2014 –Publicación de "Sobre puertos y metáforas", cuentos como metáforas, en Araña Editorial, España.
2014 –Publicación de "Es cierto porque es imposible", cuentos éticos y espirituales, en Ediciones CZ, España.
2014 –Publicación de "El coleccionista de hechos y otras cosas", cuentos rioplatenses, en Ceibo Producciones, Chile.
2015 –Publicación de "El poder curativo de la atención", autoayuda, Editorial Diesliesind Ltd., España.
2015 -Publicación de "El poder de los jardines mentales", relato alegórico, en PKS Editions, España.
2015 –Publicación de "Bestiario del Más Allá", ficción ocultista, en Entrerenglones, España.

2015 –Publicación de "Levántate y arde", cuentos éticos y espirituales, en Editora Educación Emergente.
2015 –Publicación de "La sabiduría de las cosas", obra miscelánea, en libros de Revista Buenaventura, España.
2015 –Publicación de "La Voz en el Sendero", 2ª. Edición, aforismos espirituales, en Planeta Alvi, España.
2015 –Publicación de "La vida de un gato", novela, en Editorial Baile del Sol, España.
2015 –Publicación de "Las flechas y la paz", aforismos comentados sobre las supremas contradicciones de la vida, en Planeta Alvi, España.
2015 –Publicación de "Historias inspiradas por un oasis y sus palomas blancas", cuentos éticos y espirituales, MK Editora, España.
2015 –Publicación de "La energía almacenada en los secretos", ensayo, en Editorial Masónica Española.
2015 – Publicación de "La regeneradora experiencia del desencanto", autoayuda, en Ediciones Alféizar, España.
2015 –Feria del Libro de Costa Rica - Presentación de los libros "Mi reino por una flor" y "El cóndor sideral", publicados por Editorial Montemira, de San José.
2015 –Publicación de "Otro cuento chino", breve historia experimental, inspirada en la tradición literaria china, Ediciones Dyskolo.

2015 –Publicación de "Multitud con sombreros", relatos urbanos rioplatenses, en Hogarth Press Ediciones, España.
2016 –Publicación de "Haikus Koanes", en NLibros, Santiago de Chile.
2016 –Publicación de "Proezas y deslices de un contorsionista improvisado", cuentos breves y desconcertantes, en NLibros, Santiago de Chile.
2016 –Publicación de "El arte de compartir", ensayo en Quarentena Ediciones, España.
2016 –Asistencia a la Feria del Libro de Bogotá y presentación del libro "El cóndor sideral", Editorial Montemira de Costa Rica.
2016 –Publicación de "Novelas a vela", dos novelas breves enlazadas, en Malas Palabras Buks, Ciudad Autónoma de Buenos Aires, Argentina.
2016 –Feria del Libro de Buenos Aires – Encuentro de autores de Malas Palabras Buks para firma de ejemplares, en Stand de la Editorial.
2016 –Publicación de "La escala iniciática", estudio esotérico, en Editorial Kolima, España
2016 –Publicación de "El banquete del narciso", pequeña antología personal, relatos breves, en Aretefactus Press, EE.UU
2016 –Publicación de "Un intelecto despierto a la luz de la Sabiduría", ensayo, en QM Editorial, USA.
2016 –Publicación de "Historias encontradas en la atmósfera del alma", cuentos éticos y espirituales, en Ediciones Pinillos, Guatemala

2016- Publicación de "Los muertos y los vivos", realismo mágico, En Ed, Tempus Fugit, España.
2016 –Publicación de "La primera de las llaves maestras", relato mítico, en Ediciones Catay, Taiwán
2016 –Publicación del fanzine "La balada de Josef K." guión del relato, en colaboración con el artista Nel Suáres, en Homostultus Fanzine, Gijón, España
2016 –Publicación de "Tratado de la pobreza a la luz de la Sabiduría Antigua", ensayo, en Primada Digital, Canadá.
2016 –Publicación de "¿Por qué vivimos disociados de la naturaleza?", ensayo esotérico, en Primada Digital, Montreal, Canadá.
2016 –Publicación de "Triángulo de oro", ensayos esotéricos, en Editorial Kolima, España.
2016- Publicación de "El humo sobre la tierra", relato de terror, ilustrado por Daniel Blanco Pantoja, en Erdosain Ediciones, Chile
2016 –Publicación de "El modelo interior del universo", cuentos espirituales, en Tierra de Nadie Ediciones, España.
2017 –Publicación de "Condemned", ficción género negro, en Editorial Writers, Argentina.
2017 –Publicación de "Los poderes ocultos del corazón", dos ensayos esotéricos, en Planeta Alvi, España
2017 –Publicación de "Los cuentos viejos del alma", cuentos espirituales, en Editorial Lumamia, España.

2017 –Publicación de "Escritura y Conciencia", guión de Taller Grupal orientado hacia el autoconocimiento, Planeta Alvi, España.
2017 –Publicación de "Corramos antes que pase el tren", relato en clave de Picaresca, Ediciones Orangon, España
2018- Publicación de "La Balada de Josek. K", relato ilustrado, en la segunda edición de Cebollas Agrias: Embriagas Luna En Bragas, Editorial Cebollas Agrias, México.

OTRAS PUBLICACIONES DE SU AUTORÍA
-Cuentos premiados, en la revista literaria Punto de Encuentro, editada en Montevideo.
-Diario "La República", de Montevideo.
-Diario "Últimas noticias", de Montevideo.
-Semanario El Ciudadano, publicado en Montevideo.
-Artículos y piezas literarias, en la revista Teosofía en Argentina, editada por la Sociedad Teosófica en Argentina.
-Cuentos éticos breves, en la Revista "Vademécum" de Montevideo.
-Artículos de pensamiento alternativo en Revistas "Primacía" de España y "Efecto Pigmalión" de México.

NOTAS

www.ingramcontent.com/pod-product-compliance
Lightning Source LLC
Chambersburg PA
CBHW020433220526
45464CB00002B/690